Athabasca

Mit dem Kanu durch die Wildnis

von

Julia Riesenweber

Band 2

Meiner Sommer - Rundreise durch Kanada

Bibliographische Information der Deutschen Nationalbibliothek: Die Deutsche Nationalbibliothek verzeichnet diese Publikation in der Deutschen Nationalbibliographie, detaillierte bibliographische Daten sind im Internet über http://dnb.dnb.de abrufbar.

© 2021 Riesenweber, Julia
Herstellung und Verlag: BoD – Books on Demand, Norderstedt

*ISBN: **9783754303412***

Fotos, Umschlagsgestaltung, Coverfoto:
Julia Riesenweber

Coverfoto:
Athabasca River in der Abendsonne

Ich widme dieses Buch den Menschen,
denen ich in Kanada begegnet bin und
die mir eine schöne Zeit in ihrem
traumhaften Land ermöglicht haben.

Inhaltsverzeichnis:

Vorwort

Schon beim Buchen meiner Kanada Reise habe ich überlegt, ob es wirklich eine gute Idee ist, eine Kanutour mitten durch die Wildnis zu machen. Denn ich hatte ja im Reiseprospekt schon gelesen, dass ich dann auch 4 Tage lang keinen Zugang zu einer Dusche oder Toilette haben würde. Bisher hatte ich so etwas noch nicht gewagt. Aber die Abenteurerin in mir dachte sich, warum denn eigentlich nicht? Mir war durchaus klar, dass das ein Abenteuer werden könnte, das ich niemals mehr vergessen würde. Deshalb habe ich am Ende auch gebucht.

Natürlich habe ich mir eine große Liste gemacht, und bin alles durchgegangen, was ich eventuell brauchen könnte, damit ich am Ende tatsächlich alles dabei haben würde, was ich für mein Wohlbefinden benötigen könnte. Meine Mitreisenden auf sämtlichen meiner

Reisen nannten mich daher stets „well prepared."

Auch den „Worst Case" habe ich sorgfältig durchdacht. Damit ich auch im schlimmsten Fall alles hätte, was ich brauche. Denn aus Erfahrung früherer Reisen weiß ich, dass unvorhergesehene Dinge durchaus eintreten können und man sollte vorbereitet sein. Dass der „Worst Case" dann auch tatsächlich eintrat, konnte ich natürlich nicht wissen. Aber dazu später mehr.

Ich habe dieses Erlebnis auf jeden Fall genossen und im Nachhinein kann ich sagen, ich möchte diese Tour nicht missen! Außerdem war ich bei den 3 Guides, die diese Tour begleitet haben, in wirklich guten Händen. Und die Tatsache, dass ich keine Waschräume zur Verfügung hatte, war nun auch nur halb so schlimm, wie es sich anfangs vielleicht anhört. Denn ein Fluss mit sauberem, klaren Wasser war ja die ganze Zeit da. Und ich habe herausgefunden, dass es Trockenschampoo gibt. Ich mag dieses nicht unbedingt gern benutzen, aber für diese Tour war es absolut hilfreich und nützlich. Denn im Gegensatz zu meinen Mitreisenden, die am Ende Hüte oder Mützen trugen, konnten sich meine Haare durchaus sehen lassen. Ich sah am Ende der Tour eigentlich ganz okay aus und fühlte mich wohl in meiner Haut. Ich kann so eine Tour wirklich absolut empfehlen, denn wann erlebt man sonst Wildnis pur? Trockenschampoo sollte sich aber im Reisegepäck befinden!

Zum Schutz meiner Mitreisenden und der Guides sind auch dieses Mal alle Namen komplett geändert und ich benutze nur Vornamen.

1. Paddelspaß am Gregg Lake

Am frühen Nachmittag des 18. 08. 2014 sah ich mich nach dem Kennenlernen meiner neuen Reisegruppe auf dem Gelände des Campingplatzes um. Hinton liegt mitten in der Pampa. Einige Kilometer entfernt gibt es eine kleine Ansammlung von Häusern und einen großen Supermarkt. Sonst nichts. Der Campingplatz liegt an einem sehr schönen, großem See, dem Gregg Lake. Wir befanden uns immer noch im Bundesstaat Alberta. Bei meinem kleinen Rundgang über das Gelände erhaschte ich auch einen ersten Blick auf die Kanus. Sie sahen stabil aus, aber sehr schmal. Das Panorama am See war wunderschön.

Kurze Zeit später saßen wir alle im Bus, um im Supermarkt die letzten Dinge einzukaufen, die wir eventuell noch brauchen könnten. Die Guides kauften Lebensmittel ein.

Am Spätnachmittag versammelte sich die ganze Truppe am Ufer des Sees, um eine Einführung in die hohe Kunst des Kanufahrens zu bekommen. Auf einer kleinen Rasenfläche wurden Trockenübungen durchgeführt. Danach sollten wir immer zu Zweit ein Kanu schnappen, um auf dem See das richtige Paddeln zu lernen. Unsere kleine Gruppe bestand aus 16 Leuten insgesamt, die drei Guides mit eingerechnet. Einige der Leute waren neu dazu gekommen, andere waren mir von der Wandertour bekannt. Wir waren eine internationale Gruppe. Selbst die Guides stammten aus unterschiedlichen Ländern (einer aus Kanada, einer aus den Niederlanden, einer aus Deutschland). Ich verstand mich sehr gut mit Anna und ihrer Familie. Anna wollte ihren Sohn bei sich im Kanu haben. Also fragte mich ihr Mann Holger, ob er sich mir anschließen dürfe, da ich ja allein reiste. Ich hielt das für eine gute Idee. So kam es dann auch.

Wir stellten uns bei den ersten Paddelübungen auch ganz gut an. Allerdings muss ich hier anmerken, dass wir aktuell noch auf einem ruhigen See waren. Hier herrschte null Wellengang. Das ist absolut etwas Anderes, als auf einem wilden Fluss zu paddeln, wo es Wellen und Strömung gibt! Wir lernten, dass Einer das Paddel links ins Wasser taucht, der Andere rechts. Derjenige, der hinten sitzt, ist für`s Lenken zuständig, der Vordere für`s Vorankommen. Auf dem See übten wir auch, unsere Kanus aneinander zu hängen, in dem wir jeweils das Kanu, das neben uns heranfuhr, festhielten. So kann man sich bei schneller Strömung eine Weile dahin treiben lassen und kann seine Muskeln schonen, die beim vielen Paddeln sehr beansprucht wurden. Denn immerhin hatten wir ja vor, die nächsten Tage nichts Anderes zu tun, als zu Paddeln – mal abgesehen von den Mahlzeiten und den Nächten. Wie gesagt, die Übungen verliefen gut und alle machten eine gute Figur im Kanu.

Außer dem 12-jährigen Thomas (Annas Sohn) waren in unsere Gruppe noch zwei andere Kinder gekommen. Sie gehörten zu einer Familie aus England, die aus den beiden Kindern, der Mutter und den Großeltern bestand. Daniel (9 Jahre) und seine 13-jährige Schwester Louisa wollten während des Kanufahrens schwimmen gehen. Allerdings blieb es bei einem Versuch. Denn obwohl August (also Sommer) war, war das Wasser des Gregg Lake sehr kalt und sie waren nur bis zu den Knien im Wasser, bevor sie zitternd wieder ins Kanu stiegen.

Unsere Guides stellten sich als hervorragende Köche heraus. Und wir hatten auch alles dabei, was man sich so wünschen kann, damit es abwechslungsreiches Essen gab. Die Guides hatten eine ganze Kiste mit mindestens 20 verschiedenen Gewürzen dabei und Rohkost, wie beispielsweise Paprika, Salat, Gurken, Eier, usw. und auch Nudeln und Ähnliches. Kaffee und Kakao gab es in Pulverform und sogar Milchpulver für den Kaffee war im Gepäck. Die Lebensmittelkisten wurden auf verschiedene Kanus aufgeteilt. Wie gesagt, das Essen schmeckte super, da wir es auch nach Belieben würzen konnten. Am Abend auf dem Campingplatz kümmerte sich Guide Martin (Kanada) um den Grill. Der kleine Daniel durfte ihm helfen und war stolz, als er Stöcke für das Feuer sammeln ging. Menschen, die mich kennen, wissen, dass ich Vegetarier bin.

Allerdings ist das heutzutage auf Reisen kein Problem mehr. Denn die Reiseveranstalter, mit denen ich unterwegs war, waren auf solche Dinge perfekt vorbereitet. Wir hatten in dieser Reisegruppe sogar vier Veganer dabei. Diese hatten zwar verschiedene Produkte selbst mitgebracht, die in unsere Lebensmittelkisten mit eingepackt wurden (zum Beispiel Mandelmilch als Milchersatz). Aber da alle Mitreisenden nicht unbedingt anspruchsvoll waren, war es kein Problem und es ist auf der ganzen Tour absolut niemand hungrig geblieben! Es wurden unter Anderem Maiskolben auf den Grill geschmissen und für alle Leute, die kein Fleisch aßen, gab es als eine von vielen Beilagen „Portobello-Mushrooms". Das sind Champignons, die mit Zucchini und anderem Gemüse gefüllt wurden. Sehr lecker! Es war ein schöner Abend und anhand der vielen verschiedenen Speisen könnte man es fast als Grillfest bezeichnen. Nach dem Essen halfen alle zusammen, das Geschirr zu spülen und alles zu verstauen. Dann konnten wir uns frisch machen und anschließend saßen wir am Lagerfeuer und unterhielten uns.

Auch auf dieser Tour bekam jeder ein Zelt gestellt. Paare und Familien ein Gemeinsames und die drei Guides und ich als Alleinreisende jeweils ein eigenes Zelt. Aufgebaut hatten wir dieses schon nach dem Kennenlernen am frühen Nachmittag.

Dieser Zeltplatz war aber weder umzäunt, noch beleuchtet, wie die anderen Plätze, auf denen ich bisher gezeltet hatte. Er war recht klein und nur als Zwischenstopp für solche Kanutouren angelegt worden. Daher war ich froh, in der stockfinsteren Nacht meine Stirnlampe dabei zu haben, damit ich mein Zelt oder das Waschhaus überhaupt finden konnte.

Ich schlief zwar gut, aber aufgeregt war ich schon, da ich ja wusste, dass das die letzte Nacht auf einem richtigen Zeltplatz sein würde. Die nächsten Nächte würden wir ja auf den kleinen Inseln, die mitten im breiten Athabasca River lagen, unsere Zelte aufschlagen. Im Zelt auf- und abbauen war ich mittlerweile Spezialistin. Es waren die selben Zelte, die wir auf der Wandertour auch schon hatten und ich konnte dieses Zelt notfalls auch ganz allein aufbauen. Man musste nur die richtige Technik kennen. Da ich auf der Kanutour morgens nur ca. 15 Minuten Zeit hatte, zum Abbauen, lernte ich schnell, es in dieser Zeit zu schaffen.

Gregg Lake in Hinton, Alberta, Kanada

Unsere Kanus für die Tour

„Portobello Mushrooms" mit Zucchini

2. „Point of No Return"

Früh am nächsten Morgen (19. 08. 2014) wurden zuerst die Taschen umgepackt. Denn unsere Reisetaschen wurden im Bus mitgenommen und dort hin transportiert, wo der Bus uns am Ende der 4 Tage wieder aufgabeln sollte, um uns ins Hotel in Edmonton zu bringen. Wir bekamen jeder einen wasserdichten Seesack. Ich durfte mir einen zweiten Seesack leihen, da ich meine Sachen in einem Einzigen leider nicht unterbringen konnte. Aber mehr als 2 Seesäcke gab es für niemanden. Ich packte alles ein, was ich für die Kanutour brauchte. Den zweiten Seesack brauchte ich allerdings nicht aus dem Grund, weil ich zu viel Kleidung einpacken wollte... Ich nahm auf die Tour nur Funktionskleidung mit. Nein, die anderen Kleinigkeiten summierten sich und daher war es nicht zu schaffen, alles in einen Sack zu packen. Der Bus brachte uns zu einer Stelle am

Ufer des Athabasca Rivers, von wo aus die Tour starten sollte. Dort wurden die Kanus bereitgestellt und alles darin verstaut. Die Seesäcke wurden mit ihren Verschlüssen auch an den Kanus befestigt. So sollte nichts verloren gehen, falls das Kanu umkippt, was zum Glück nie geschah! Der Fluss sah auf den ersten Blick ruhig aus. Die Sonne strahlte vom Himmel. Insgesamt waren es 160 km, die es zu paddeln galt. Heute wollten wir davon 40 km zurücklegen. Nachdem alles fertig verstaut war, gab es eine Lagebesprechung, wo uns eine Karte des Flusses gezeigt wurde und wir erklärt bekamen, wo wir uns aktuell befanden, und wo wir ungefähr unser Nachtlager aufschlagen würden. Der deutsche Guide, Marco, erzählte uns alle wichtigen Details des Tages. Nach kurzer Zeit würden wir das erste Mal halten. Und zwar am „Orange Rock". Dort gab es einen Wasserfall, wo wir unsere Trinkwasserbehälter und Flaschen auffüllen konnten. Marco war ein kleines Scherzkeks. Mit einem breiten Grinsen im Gesicht erklärte er uns, dass der Felsen seinen Namen daher habe, da er eine orange Farbe aufwies. Immer, wenn er uns die nächsten Details erklärte, sagte er am Ende: „ ... Wenn jemand ins Wasser fallen sollte, oder das Kanu umkippt, was niemals passieren wird ..." ! In solchen Momenten kam mir in den Sinn: „Der Kerl ist lustig! Macht echt Mut!" Aber es passierte ja tatsächlich nie, dass ein Kanu umkippte. Also hat unsre Gruppe irgend etwas richtig gemacht. Nach der Erklärung, dass es nie passieren würde, dass ein Kanu kippt, fragte er immer verschmitzt, ob jemand noch eine Frage hätte. Wie gesagt, Marco war ein echter Witzbold. Der kleine Daniel brachte uns auch jeden Morgen zum Schmunzeln. Denn er fragte immer knapp fünf Minuten nach dem Frühstück, wann es Mittagessen geben würde. Und Anna hatte nun zwar keinen Anlass mehr, zu fragen, wie steil es werden würde, aber sie fand eine neue Frage nun ganz spannend: Jeden Tag fragte sie Marco, wie tief das Wasser sei. Zum Glück hatte der Fluss gerade Hochwasser. Das ist gut, da die Fließgeschwindigkeit des Rivers dann ruhiger war, da es weniger Steine und Felsen gab, an denen Wellen entstehen konnten. Seinen Ursprung hat der Athabasca River am Columbia Icefield, sowie auch der North Saskatchewan und der Kicking Horse River. Am Ende seiner Reise landet er im Meer. Nach einem letzten Blick auf den Fluss und die typisch kanadischen Tannenwälder vor uns, bestiegen wir die Kanus. Nach 4 Tagen sollten wir gegen 15 Uhr am Treffpunkt erwartet werden. Ab hier gab es kein Zurück mehr. Sobald wir in den Kanus saßen, konnten wir nur noch Flussabwärts. Hier begann der „Point of No Return"! Holger und ich bestiegen das Kanu und stießen uns vom Ufer ab. Wir waren endlich unterwegs.

Einpacken am „Point of No Return"

Kanu voraus: Der „Point of No Return"

3. Regenwolken am Horizont

Das Paddeln bei Strömung gestaltete sich relativ gut. Allerdings hatte ich mit ganz anderen Dingen zu kämpfen. Denn ich bekam relativ schnell einen Muskelkater in den Oberarmen von der immer gleichen Bewegung des Paddelns. Dieser hielt ungefähr 20 Minuten. Dann hatten sich die Muskeln an die Bewegungen gewöhnt und ich spürte es nicht mehr. Gemütlich ging es voran und wir ließen uns die Sonne ins Gesicht scheinen. Am Ufer saßen immer wieder Weißkopfseeadler in den Bäumen, die uns neugierig beäugten. Der Weißkopfseeadler ist das Nationaltier von Nordamerika und er sieht majestätisch aus. Glückshormone strömten durch meinen Körper. Nach ungefähr zwei Stunden machten wir am Ufer eine kleine Mittagspause. Wir zündeten ein Lagerfeuer an und grillten. Dann ging es weiter. Meine Füße waren während der Kanutour dauernd nass.

Denn wenn man ins Kanu einsteigt, musste man durchs Wasser laufen und wenn man aussteigen wollte, stieg man wieder in den Fluss, um das Kanu an Land zu ziehen. Ich trug meine Trekking-Sandalen und hatte noch Turnschuhe für Abends dabei. Die Sandalen waren wasserfest. Gut, dass die Funktionskleidung schnell trocknend war, denn der Fluss war ungefähr knietief und auch die Hose war recht häufig nass.

Kurz nach der Mittagspause begann es plötzlich zu nieseln. Am Himmel waren dunkelgraue Regenwolken zu sehen. Da wir schnell feststellten, dass das wohl ein größerer Wolkenbruch werden würde, legten wir am Flussufer an und zogen die Kanus an Land. Dann zogen wir uns unsere Regenjacken an und stellten uns unter den Bäumen unter, um etwas Schutz vor dem Regen zu bekommen.

Ich stellte fest, dass auch einige meiner Mitreisenden auf dieser Tour „well prepared" waren. Denn sie hatten richtige Regenponchos dabei, die mindestens bis zu den Knien reichten. Ich hatte nur eine Regenjacke, die bis zu den Hüften ging. Das bedeutete, dass meine komplette Hose nass wurde. Wie gesagt, Funktionskleidung trocknet sehr schnell, aber erst einmal wurden wir bis auf die Haut nass. Der Regenschauer dauerte 15 Minuten und der Himmel kippte alles aus, was er an Flüssigkeit zu bieten hatte. Die Bäume hielten auch nicht so viel ab. Aber den Spaß ließen wir uns von dem Regen nicht verderben! Anna dichtete eine neue Version des Kinderliedes „Ein Männlein steht im Walde" für ihren Mann Holger. Dieser hatte einen weißen Poncho um und so sang sie statt „Es hat ein purpur rotes Mäntlein um" dann einfach „Es hat aus weißem Plastik ein Mäntlein um".

Wir mussten alle Lachen. Als der Regen aufgehört hatte, liefen wir zu den Kanus zurück, um unsere Reise fortzusetzen. Allerdings stellten wir fest, dass die Kanus am Flussufer nach dem 15-minütigen Wolkenbruch komplett voller Wasser waren. Der kanadische Guide Martin holte verschiedene Gegenstände aus unserem Gepäck und wir schöpften gemeinsam das Wasser aus den Kanus. Dann paddelten wir weiter, bis wir am frühen Abend auf einer Insel im breiten Fluss unseren Lagerplatz erreichten.

Panorama beim ersten Mittagessen

Im Regen und nass bis auf die Haut
nach einem Wolkenbruch

4. Hagel, Wildnis, Lagerfeuer

Als es so langsam Abend wurde, fanden wir eine schöne Wiese hinter einem schmalen Strandstreifen aus weißen Steinen. Wir zogen die Kanus an Land und entluden sie. Danach wurden die Zelte aufgebaut. Jeder konnte sich auf der Wiese eine Stelle aussuchen. Mittlerweile waren wir wieder trocken und die Abendsonne wärmte uns. Bald begannen die ersten Personen aus der Gruppe, ein Lagerfeuer zu entfachen und das Abendessen vorzubereiten. Alle halfen mit. Ich lüftete auch das Geheimnis, auf was der kanadische Guide Martin immer herum kaute. Denn er zeigte mir den wilden Schnittlauch, der überall am Ufer wuchs. Das Lagerfeuer knisterte leise vor sich hin, als wir uns zum Abendessen hinsetzten. Doch genau in dem Moment, als unser Abendessen beginnen sollte, war die Sonne wieder verschwunden. Innerhalb von kürzester Zeit zogen fast schwarze

Gewitterwolken heran. Uns schwante nichts Gutes! Langsam begann es zu tröpfeln. Schon die ersten Tropfen waren dick und schwer. Es begann mehr zu regnen. Und noch bevor wir eine Plane holen konnten, um sie über unserem Essensplatz aufzuspannen, begann es doch tatsächlich zu hageln. Blitzschnell verschwanden alle mit ihren Tellern im Zelt, um sich vor den Hagelkörnern zu schützen. Wir saßen dann im Zelteingang und beobachteten das Spektakel. Zwischen den Wolken blinzelte die Sonne vereinzelt wieder durch und ließ die Hagelkörner glitzern. Es dauerte ungefähr zehn Minuten, dann war das Gewitter wieder vorbei, genau so schnell, wie es heraufgezogen war. Hinterher bestaunten wir die Hagelkörner, die nur minimal kleiner waren als ein Tischtennisball.

Der angrenzende Wald diente als

unsere Buschtoilette. An einem Baum hing eine Tüte mit einer Schaufel darin. Das erste Mal war es schon etwas komisch. Aber man gewöhnt sich an alles. Vor allem hatten wir hier in der Wildnis sowieso keine andere Wahl. Es ist auch nur halb so schlimm, wie man es sich anfangs vielleicht vorstellen mag. Und ich war ja auch nur 4 Tage in der Wildnis...

Nachdem wir abgewaschen hatten, wozu wir uns immer Wasser aus dem Fluss holten und es über dem Feuer in einer Kanne kochten, hatten wir etwas Zeit, uns auszuruhen. Als es dunkel wurde, loderte das Lagerfeuer wunderbar und erhellte die die stockfinstere Nacht. Jeder holte sich einen Campingstuhl und wir saßen gemütlich ums wärmende Feuer und genossen die Stille um uns herum. Nur das Rauschen des Rivers und das leise Zirpen irgendwelcher

Grillen war zu hören. Ein wahrer Genuss für unsere Ohren. In der Stille der Natur vergaß man alles und konnte so richtig abschalten. Da weder Fernseher, noch Radio in der Nähe waren, und eine Internetverbindung selten zustande kam, hörte ich ganze 4 Tage gar keine Nachrichten aus dem Rest der Welt. Und das war durchaus erholsam. Ich spürte auch gar nicht das Bedürfnis, überhaupt zu versuchen, eine Internetverbindung herzustellen. Es war einfach unwichtig. Selbstverständlich bin ich eine brave Tochter und schickte ca. alle 3 Tage eine kurze Whatsapp-Nachricht nach Hause. Denn ich kenne meine Eltern. Sie machen sich Sorgen. Auch wenn sie mir vertrauen und mir so Einiges zutrauen und das auch nicht meine erste Reise war, die ich allein antrat, sind sie beruhigter, wenn sie ab und zu ein Lebenszeichen von mir bekommen.

Allerdings fragte ich dabei auch nicht nach irgendwelchen weltlichen Geschehnissen, sondern ließ sie nur wissen, dass es mir gut ging. Über uns funkelten tausende von Sternen. Hier in der Einsamkeit wirkt so ein Sternenhimmel noch viel romantischer. Am Lagerfeuer war leises Gemurmel zu hören. Allerdings sprachen wir sehr ruhig und leise, da niemand die traumhafte Ruhe unterbrechen wollte. Gut, außer uns 16 Leuten war hier auch nichts und niemand. Ein Lagerfeuer hat den Vorteil, dass man es wohlig warm hat, wenn man davor sitzt. Da lässt es sich sehr gut aushalten, wenn sich Nachts die Luft abkühlt. Tagsüber hatte es schon so ca. 20 Grad. Nachts sanken die Temperaturen auf ein paar Grad über Null. Am Lagerfeuer oder im Schlafsack war davon aber nichts zu merken.

Robert, der dritte Guide, der aus den Niederlanden stammte, hatte seine Gitarre auf die Tour mitgenommen. Das kam uns nun am Lagerfeuer zu Gute. Denn er spielte wunderbar Gitarre und er konnte auch super singen. Er stimmte Lieder wie „Fivehundred Miles" oder „Take me home, Country Roads" an und alle sangen fleißig mit. Das sind die typischen Lagerfeuer – Songs, aber sie passen eben auch am Besten zu der Stimmung, die einen an so einem Lagerfeuer überfällt. Selbst-

verständlich hatte er auch noch andere Songs im Gepäck. Zum Beispiel den „Timberwolf – Song". Timberwolf heißt ja übersetzt so etwas wie Nachtwolf. Und der Reiseveranstalter hieß ja Timberwolf Tours. Klar, dass es da auch einen Song dazu gibt. Es war ein sehr schönes Lied und wir lauschten andächtig. Der kanadische Guide kannte viele Geschichten, Rätsel und Witze,

und unterhielt damit die 3 Kinder.
Thomas und Daniel durften auch mit der
Gitarre klimpern, was sie sehr genossen.
Der kleine Daniel hatte auch ein
Witzebuch dabei und konnte daher zur
allgemeinen Belustigung in der Runde
beitragen. Der deutsche Guide Marco
hatte viele Abenteuergeschichten aus
seinem Leben als Tourguide zu erzählen.
Das bedeutete, dass die Nächte am
Lagerfeuer sehr kurzweilig waren und
wir immer sehr spät ins Bett kamen.
Aber es war ein so wunderbares
Erlebnis, an das ich mich heute noch
gern zurück erinnere.

Ein Lagerfeuer

Hörst du, wie die Flamme knistert,
hörst du, wie sie ganz leis` flüstert?

Und ihr schönes, helles Licht,
wärmt ganz sanft mein Gesicht.

Und ihre heiße Glut,
glüht feuerrot im Funkenflug.

Die kleine Flamme knistert sacht,
in der lauen Sommernacht.

Fröhlich flackernd, gelb – orange,
sieh doch, wie die Flamme tanzt.

Hell und wärmend – hoch hinaus,
streckt sie ihre Arme aus.

In die dunkle Nacht hinein,
strahlt von fern ihr heller Schein.

(Gedicht selbst verfasst von der Autorin Julia Riesenweber)

Erstes Busch – Camp: Das Zelt steht

Ein Feuer für heißes Wasser

Wilder Schnittlauch

Ein Hagelkorn

Schwarze Gewitterwolken am
Athabasca River

51

Gemütliches Lagerfeuer am Abend

Lagerfeuer – Romantik in der Wildnis

5. „Eddies", „Rapits" und Verzweiflung

Am nächsten Morgen (20. 08. 2014) wurde uns schon beim Frühstück angekündigt, dass wir heute echte Abenteuer erleben würden. Gerade brach der zweite Tag mitten im Nirgendwo an, da mussten wir erfahren, dass wir heute an eine Stelle kommen würden, wo ein Nebenfluss mit dem Athabasca River zusammen fließt. Durch diesen Zusammenfluss entstehen starke Stromschnellen, liebevoll „Rapits" genannt. Holger und ich sahen uns an. Bisher hatten wir uns beim Paddeln recht gut angestellt, auch bei der leichten Strömung des Flusses. Aber als wir diese Details hörten, wurde uns beiden schon ein bisschen mulmig zumute. Profis im Kanufahren waren wir ja beide nicht. Die „Rapits" klangen fast schon wie eine Drohung. Würde heute unser Boot kippen? Dann erklärte Marco noch, dass wir nach dem Mittagessen auch noch Strudel zu erwarten hätten. Diese wurden liebevoll „Eddies" genannt. Strudel? Das klang nicht gut! Mir fiel wieder ein, warum ich ungern Wildwasser – Rafting mache... Wir besprachen uns kurz. Unser Entschluss stand fest. Wir liefen zu den Guides und sprachen unser Problem an. Wir erklärten, dass wir uns unwohl fühlten, nach den Ankündigungen der Strudel und Stromschnellen. Der kanadische Guide Martin zeigte großes Verständnis für uns. Die Guides wussten, dass ich allein auf dieser Reise war und mich nur mit Holger zusammen getan hatte, weil ich ihn von der vorherigen Wandertour kannte und immer zwei Leute pro Boot gebraucht wurden. Anna hatte ja ihren Sohn mit im Boot. Deshalb schlug er vor, dass Robert bei Holger und er selbst bei mir im Kanu fahren könnte. Gleich fühlten wir uns besser. So wurde es dann auch gemacht. Nun hatten wir beide einen

Profi mit an Bord und konnten dem Tag wieder mit mehr Enthusiasmus entgegen blicken. Diese Abmachung sollte sich im Nachhinein als völlig richtig erweisen!

Bei strahlender Morgensonne fuhren wir los. Ich kämpfte erneut mit einem Muskelkater, im Arm – Schulter – Nackenbereich. Jedes Mal, wenn ich ins Kanu stieg und los paddelte, brauchte mein Körper ca. 20 Minuten, bis sich die Muskeln an die erneute Bewegung gewöhnt hatten und die Schmerzen nachließen. Bald erreichten wir die Stromschnellen. Wir hatten gelernt, Wellen immer bei ca. 45 Grad anzusteuern, dann käme das Kanu gut damit zurecht. Aber die Strömung wurde hier am Zusammenfluss sehr stark. Und die Wellen waren zwar nicht hoch, kamen aber plötzlich von allen Seiten. Das Kanu schaukelte bedenklich. Ich saß vorne und meine einzige

Aufgabe war das Paddeln. Was eine große Anstrengung darstellte. Das Kanu war sehr schmal für diese Wellen und Martin lenkte uns sicher hindurch. Allerdings vergaß ich einige Male das Paddeln, als das Kanu stärker schwankte. Umgekippt sind wir nicht. Ich weiß aber nicht, wie Holger und ich uns hier geschlagen hätten. In diesem Moment war ich nur froh, dass einer der Guides bei mir im Boot saß! Ganze 30 Minuten dauerte es, diese starken Stromschnellen hinter uns zu lassen. Später auf der Tour erlebten wir immer mal wieder Stromschnellen. Doch irgendwann wusste ich, was auf mich zukam und konnte damit umgehen. Bald verschwand die Sonne und es kühlte merklich ab. Die kurze Mittagspause wurde genutzt, um ein schnelles Feuer anzuzünden und unsere Hände daran zu wärmen. Nebenbei aßen wir eine Kleinigkeit.

Nach dem Mittagessen kamen wir irgendwann zu den Strudeln. Nun muss ich dazu sagen, es waren nicht irgendwelche kleinen Strudel. Diese Dinger verdienten das Wort Strudel regelrecht! Und die liebevolle englische Bezeichnung „Eddies" versucht das Ganze nur zu verharmlosen. Es gab insgesamt 8 Strudel. 4 auf jeder Flusseite, etwas schräg versetzt. Warum auch immer sie sich hier bildeten, sie waren groß und sahen aus, als ob sie unsere schmalen Kanus am Liebsten verschlingen und in die Tiefe ziehen wollten. Nur ein schmaler Fahrstreifen führte hindurch. Und wir mussten diesen Fahrstreifen auch genau anvisieren und treffen, denn sonst hätte sich das Boot gedreht und hätte auch leicht kippen können. Wir hatten ein Flitterwochenpärchen in unserer Gruppe: Carla und Matthew. Diese beiden gerieten etwas von dem

Fahrstreifen ab und das Boot kippte leicht. Sie sind nicht umgekippt oder ins Wasser gefallen, aber ihr Kanu lief voller Wasser. Martin und ich kamen ihrem Kanu sehr nah, schafften es aber gerade noch, an ihnen vorbei zu rudern. Die beiden nutzten ein kleines Gefäß, das bei ihnen im Boot war, um das Wasser hinaus zu schöpften. Sie schafften es, so viel Wasser aus dem Kanu zu bekommen, dass sie weiter fahren konnten und gelangten ohne baden zu gehen durch die Strudel.

Kurz darauf erreichten wir eine Schlucht. An beiden Uferseiten türmten sich meterhohe, glatte Felswände in den Himmel. Es begann zu schütten. Da wir nirgendwo an Land konnten, mussten wir wohl oder übel weiter paddeln. Nur unsere Regenjacken konnten wir noch überwerfen. Ich hatte nach den Strudeln wieder einen

Muskelkater in den Armen und hatte beim Mittagessen festgestellt, dass mein Körper sich entschieden hatte, mir ausgerechnet auf der Kanutour mitzuteilen, dass ich eine Frau bin. Ich war auf diesen „Worst Case" eigentlich vorbereitet. Denn ich hatte alles dabei, was ich brauchen würde, damit niemand merkt, dass ich nun unter erschwerten Bedingungen reisen würde. Allerdings waren all diese Utensilien natürlich ganz unten in meinem Seesack verpackt. Und in der Mittagspause war die Zeit zu knapp, um den Seesack komplett auszuräumen. Somit musste ich leider warten, bis wir am Abend unseren Zeltplatz erreichen würden, bevor ich das Problem lösen konnte. Das kühle Wetter, der kalte Regenschauer, mein Muskelkater und die Gedanken an mein zusätzliches Problem brachten mich schier zur Verzweiflung. Mehrere kleine Tränchen liefen über meine Wangen.

Das fiel glücklicherweise niemandem auf, da sich die Tränen mit den Regentropfen mischten und mein Gesicht von dem Wasser von oben sowieso komplett nass war. Mein Oberkörper war zwar trocken durch die Regenjacke, aber durch die Hose war ich wieder mal nass bis auf die Haut. Doch nach zwei Minuten, in denen ich meiner Verzweiflung freie Bahn gelassen hatte, atmete ich tief durch und fügte mich in mein Schicksal. Ich versuchte meinen Körper in Gedanken dazu zu bringen, dass er noch durchhielt bis zum abendlichen Zeltplatz, wischte mir die Tränen und den Regen aus dem Gesicht und paddelte weiter. Martin und ich wurden kurz darauf von der Strömung mitgerissen. Es gab wieder einmal Stromschnellen und eine kleine Insel im Fluss, an der wir eigentlich rechts vorbei fahren sollten. Wir schafften es aber nicht und das

Kanu driftete nach links. Zurück konnten wir nicht, also dachten wir uns, dann umrunden wir die Insel halt links vorbei. Allerdings kamen wir an eine Stelle, an der es eine kleine Sandbank gab. Natürlich blieben wir stecken. Mit den Rudern allein konnten wir uns nicht befreien. Also schoben wir unser Kanu über die Sandbank und trafen am Ende der Insel wieder auf den Rest der Gruppe. Zwischendurch hängten wir die Kanus aneinander und ließen uns etwas treiben.

Nach den für heute vorgesehenen 60 km kamen wir endlich auf der Flussinsel an, wo wir zelten wollten. Ich war glücklich, konnte ich doch nun endlich mein Problem lösen. Der Regenguss war vorbei und meine Hose wieder trocken. Ich stieg ins Wasser, um das Kanu an Land zu ziehen. Eigentlich stand ich nur bis zu den Knöcheln im Wasser. Aber die Steine am Grund des Flusses waren hier sehr rutschig, da sich auf ihrer Oberfläche ein paar Algen gebildet hatten. Selbstverständlich rutschte ich aus und saß im Wasser, was dazu führte, dass die Hose logischer Weise wieder nass war. Ich verdrehte die Augen, stand auf und vollendete meine Arbeit, das Kanu an Land zu bekommen. Dann schnappte ich meine Seesäcke und packte sie am Ufer aus, damit ich an meine Utensilien heran kam, die ich brauchte und löste im Wald Problem Nummer eins. Dann baute ich mein Zelt auf und zog mir trockene Kleidung an. Da es immer noch recht kühl war, schlüpfte ich in meinen warmen Faserpelz. Auch dicke Socken und meine Turnschuhe zog ich an. Als ich aus meinem Zelt trat, empfing mich die wunderbar warme Abendsonne und irgendjemand aus der Gruppe drückte mir mit einem Lächeln einen Becher mit heißer Schokolade in die Hand, die gerade aufgebrüht worden war. Ich sah mich um. Der Fluss blubberte leise vor sich hin und wir hatten die Zelte direkt in einer Reihe am Ufer entlang aufgebaut. Die Guides nannten den Zeltplatz „River – View – Camp". Ich war wieder trocken, alle Probleme weitestgehend beseitigt und die Abendsonne wärmte mein Gesicht. Die heiße Schokolade schmeckte hervorragend! Ein Gefühl der völligen Glückseeligkeit durchflutete meinen Körper und ich lächelte. So ließ es sich leben. Gerade jetzt erlebte ich, dass man gar nicht viel braucht, um glücklich zu sein. Da reichte schon trockene Kleidung, Sonne und eine heiße Schokolade! Auf dieser Kanutour erlebte ich ein Wechselbad der Gefühle und das noch dazu sehr intensiv. Ich bin heute stolz auf mich, die Tour gemacht zu haben und will die Erinnerung daran auf keinen Fall mehr missen. Ich habe durchgehalten, obwohl mein Körper mir im schlechtesten Moment in die Quere kam. Hätte dieser freche Körper nicht einfach bis Edmonton warten können, bevor ich meine Tage bekomme? Aber ich hatte ja vor der Reise schon überlegt, wie ich damit umgehen würde, falls so etwas passiert. Deshalb hatte ich den Schlachtplan ja schon im Kopf und musste ihn nur noch umsetzen. Und es hat niemand gemerkt. Marco, dem deutschen Guide gegenüber, machte ich einen Scherz, indem ich meinte, nach dieser Tour hätte ich mir eine Überlebensurkunde verdient. Er grinste und meinte, die würde ich bekommen. Dass er seine Antwort ernst meinte, habe ich erst am Ende der Tour erfahren.

Einer der Guides hatte eine App auf seinem Tablet dabei, mit der er

Sternbilder bestimmen konnte. Er hielt das Tablet in Richtung eines Sternbildes und bekam den Namen genannt. So konnte er uns jedes Sternbild am Himmel benennen. Das war sehr lustig.

Im Juli des Jahres 2014 wurde die deutsche Fußballnationalmannschaft Weltmeister. Ich habe zwar wenig Ahnung von Fußball, aber bei einer WM lasse ich mich gern mitreißen. Und durch das phänomenale Halbfinalspiel, bei dem Deutschland die Brasilianer mit 7 zu 1 besiegte, hatte man immer wieder Gesprächsstoff... Gerade Marco, der ja auch aus Deutschland kam, hatte die WM auch verfolgt. Er erzählte mir, es gäbe in Kanada eine Raupe, die von Deutschen immer „Dortmund-Raupe" genannt würde, da sie gelb-schwarz gestreift war. Leider sahen wir auf der Tour kein Exemplar. Aber wir überlegten, wie wir die Raupe, falls wir eine fänden, in eine „Deutschland-Raupe" verwandeln könnten. Dabei entwickelten wir die wildesten Ideen. Zum Beispiel kamen wir darauf, man könnte die schwarz-gelbe Raupe mit Paprikapulver bestreuen oder in Ketchup tauchen, damit die fehlende rote Farbe ausgeglichen würde. Ich habe zu Hause recherchiert. Es gibt die Raupe wirklich. Sie nennt sich „Woolly Bear Caterpillar" oder auch „Isabella Tiger Moth". Und sie ist tatsächlich schwarz-gelb.

Isabella Tiger Moth (Quelle: Internet)

Woolly Bear Caterpillar oder
„Dortmund-Raupe" (Quelle: Internet)

Mein Zelt im River – View - Camp

Abendstimmung am Athabasca River
(Das ist quasi meine „Zimmeraussicht")

Wie glücklich eine einfache heiße
Schokolade machen kann ...

6. Lagerfeuer – Romantik in der Wildnis

Am Tag drei der Kanutour (21. 08. 2014) blieb es weitgehend trocken. Nur ab und zu nieselte es etwas. Seit dieser Tour bin ich, was Regen angeht, gar nicht mehr empfindlich. Diese Tage mitten in der Pampa waren wettertechnisch die schlechtesten Tage des ganzen Urlaubs. Es war mit durchschnittlich 20 Grad meistens eher kühl. Ab und zu hätte man die 30 Grad im Schatten schon gebrauchen können, die ich während der Wanderwoche erlebt habe. Aber ich weiß, das ist meckern auf hohem Niveau. Auch das eher nasse Wetter auf dieser Tour hatte seinen Reiz von Abenteuer. Ich bin nur froh, dass ich nicht Diejenige war, die am Ende die Zelte wieder trocken und sauber bekommen musste. Denn jeden Morgen wurde das nasse Zelt zusammengepackt und abends wieder aufgebaut. Der Schlamm und die Erde, die an den Zeltwänden klebten, gingen kaum mehr ab. Aber die Touranbieter, die auch die Zelte stellten, sind ja Profis und werden schon wissen, was sie machen müssen. Immerhin waren es sehr gute und stabile Zelte, die jedem Wetter trotzen und leicht auf- und abbaubar waren.

Heute war der Fluss wieder ruhiger. Ab und zu begegneten uns ein paar Stromschnellen, die wir aber ohne Probleme passierten. Wir hielten erneut an einem Wasserfall, wo wir unsere Trinkwasserbehälter nochmals befüllten. An diesem Tag müssen wir nur 35 km Wegstrecke zurück legen, da wir an den ersten beiden Tagen ja schon insgesamt 100 km gepaddelt waren. Allerdings gibt es auch an diesem Tag ein kleines Abenteuer zu berichten. Martin, der weiterhin bei mir im Kanu saß, sah gerade noch rechtzeitig, dass wir zu nah ans Ufer trieben. Dort hing ein dicker Ast mitten in den Fluss. Zum Glück hing er hoch genug, denn ausweichen hätten wir ihm nicht mehr können. Im letzten Augenblick duckten wir uns und der Ast streifte nur ganz leicht unsere Köpfe. Das hätte auch anders enden können!

Zum Mittagessen gab es heute Maccaroni mit Käse! Solche Speisen liebe ich! Auch das Omlett mit Schnittlauch und Tomaten als Frühstück konnte ich wahrhaftig genießen. Matthew und Martin unterhielten den kleinen Daniel mit Rätseln, damit ihm nicht langweilig wurde.

An diesem Tag schlugen wir unsere Zelte mitten im Gestrüpp auf. Ein richtiges Abenteuer – Feeling! Louisa, Daniel und Thomas drehten ein Kanu um, damit sie die Unterseite als Tisch nutzen konnten, und spielten Uno, während das Abendessen vorbereitet wurde. Uno ist ein internationales Kartenspiel. Tatsächlich kennt man das wohl weltweit. Denn wir waren ja eine internationale Truppe und doch konnten alle bei dem Spiel mitmachen. Zwischen dem Gestrüpp auf der kleinen, netten Insel fanden wir Buffaloberries. Da ich unserem Guide Jonas auf der Wandertour gut zugehört hatte, erkannte ich die Beeren gleich. Ich erinnerte mich auch daran, dass diese Beeren gern von Grizzlys verspeist werden. Robert konnte mich aber dahingehend beruhigen. Denn er meinte, es gäbe im Athabasca River keine Lachse. Deshalb ist es wohl sehr unwahrscheinlich, dass sich so ein großer Bär an diesen Fluss verirrt. Natürlich könnte ein Grizzly hier vorbei schauen und schwimmen können diese Tiere auch sehr gut. Aber Robert war der festen Überzeugung, dass wir hier sicher waren.

Ich ging auf der Insel ein bisschen spazieren. Zu meinem Verdruss lief ich dabei mit dem Gesicht voraus in ein riesiges Spinnennetz. Einerseits bin ich ja froh, dass die Spinne gerade nicht zu Hause war. Denn eine Spinne in meinem Gesicht wäre mein Alptraum! Andererseits hätte ich die dunkle Spinne wahrscheinlich in ihrem Netz sitzen sehen und hätte ausweichen können. Da dieses Netz aber sehr fein gesponnen war, sah ich es leider gar nicht und hatte anschließend leider die klebrigen Fäden im Gesicht. Glücklicherweise gab es den River und ich konnte mir mein Gesicht im klaren Wasser wieder waschen.

An diesem Abend gab es ein riesiges Lagerfeuer. Und wir stellten fest, dass

Robert nicht der Einzige war, der ein Instrument beherrscht. Denn Anna hatte tatsächlich eine Blockflöte nach Kanada mitgenommen. Und sogar im Reisegepäck auf der Kanutour dabei. Scheinbar dachte sie sich, der letzte Abend in der Wildnis wäre der perfekte Moment, sich ebenfalls als Musikerin zu outen. Robert spielte also wieder Gitarre und Anna begleitete ihn auf ihrer Flöte. Manche Lieder wurden mitgesungen, bei anderen hörten wir nur verträumt zu. Wieder einmal wurde ich mir der Stille rings um mich bewusst. Der Fluss gurgelte leise dahin, ein paar Vögel zwitscherten ein Abendlied und man hörte wieder ein paar Grillen zirpen. Sonst war es still. Und die schöne, leise Musik der Instrumente tönte fröhlich kilometerweit durch die laue Abendluft. Schade eigentlich, dass außer unsrer 16-köpfigen Gruppe niemand in der Nähe war. Bis jetzt war uns auf dem gesamten Fluss niemand anderer begegnet, der auch die Idee für eine Kanufahrt gehabt hätte. Weit ab von der Zivilisation konnte diese Musik niemand hören. Aber das ist das Tolle an der Einsamkeit, in der wir uns befanden. Man findet komplett zu sich und erlebt alles noch viel intensiver. Natürlich kann man so eine Tour nur mitmachen, wenn man ab und zu auch mal auf Luxus verzichten kann. Ich habe es auf jeden Fall genossen und kann so eine Abenteuertour nur empfehlen. Diese Freiheit mitten im Nirgendwo erlebt man viel zu selten, während man den Alltagstrott zu bewältigen versucht. So einen Ort wie hier am Athabasca River findet man nicht so schnell woanders auf dieser Welt. Unberührte Natur und schöne Wälder kann man auch in Deutschland bewundern. Aber da ist man nie so weit weg von Häusern, Einkaufsmöglichkeiten und anderen Menschen. Zu späterer Stunde erzählten wir uns wieder viele Geschichten und Witze und redeten bis spät in die Nacht hinein.

Unser drittes Camp wird mitten im
Gestrüpp aufgebaut

Camping in der Einsamkeit

*Andächtig lausche ich den
Instrumenten*

Roberts Gitarre

7. Zurück in der Zivilisation

Der nächste Morgen (22. 08. 2014). Die letzten 25 km auf dem Fluss liegen vor uns. Um ungefähr 15 Uhr werden wir an der Ausstiegsstelle erwartet. Wir paddeln gemütlich dahin, da wir es nicht eilig haben. Zwischendurch hängen wir wieder unsere Kanus zusammen und lassen uns treiben. Da der Fluss hier ruhig ist, können wir das ohne Weiteres tun. Wir lauschen Martins Erklärungen zum kleinsten und schnellsten Falken der Welt, der kurz zuvor über unsere Köpfe hinweg geflogen ist.

Beim Mittagessen entdecken wir Spuren im Uferschlamm. Wir überlegen, welches Tier da wohl gelaufen sein mag und einigen uns am Ende auf ein Wapiti. Es ist trocken aber recht kühl und wir stehen während des Essens ganz dicht am Lagerfeuer, um uns zu wärmen. Vor allem meine Zehen fühlten sich an, wie Eiszapfen.

Kurz vor der Ausstiegsstelle kamen noch einmal ein paar wildere „Rapits". Aber mittlerweile machte es Spaß, durch die Fluten zu paddeln. Nun hieß es, nicht an der Ausstiegsstelle vorbei zu fahren. Daher steuerten wir das Ufer sehr bald an und landeten alle glücklich an Land.

Unser Bus erwartete uns schon und wir packten die Seesäcke aus und versuchten alles wieder in die große Reisetasche zu bekommen. Danach gab es einen Empfang mit kanadischem Weißwein und einem riesigen Obstteller. Adressen wurden ausgetauscht. Man möchte ja gegebenenfalls in Kontakt bleiben und vielleicht auch das ein oder andere Foto per Email verschicken oder empfangen. Die Uhr zeigte 15:15 an. Die Guides Marco und Martin hatten eine Idee, was sie mit dem frechen Daniel machen könnten. Sie packten ihn, einer an den Beinen, der andere an den Armen, dann schaukelten sie ihn hin und her und taten so, als ob sie ihn in den Fluss werfen wollten. Wir hatten alle viel Spaß dabei, als wir das Geschehen verfolgten.

Alle bekamen nun eine Survival – Urkunde ausgehändigt und standen für ein Abschiedsfoto bereit.

Der Bus brachte uns nach Edmonton, wo wir als Ausklang noch ein gemeinsames Abendessen geplant hatten. Zwischendurch hielten wir noch bei Tim Hortons. Das ist eine Kaffee – Kette in Kanada, die damit wirbt, dass ihr Kaffee niemals älter als 20 Minuten sein darf. Ich freute mich, nach 4 Tagen Instantkaffee wieder richtigen Bohnenkaffee trinken zu können. Mein Bruder, der ja schon in Kanada war, hatte mir diese Kaffee – Kette als

„Must – do" empfohlen. Er meinte, ich solle dort unbedingt einen „Double – Double" trinken. Ich ging selbstbewusst an die Theke und bestellte genau das. Als ich den ersten Schluck nahm, stellte ich fest, dass der Kaffee sehr süß war. Mittlerweile weiß ich, dass dieses Getränk aus doppelt Milch und doppelt Zucker besteht. Mein Bruder, der mich eigentlich recht gut kennt, hätte wissen können, dass ich im Gegensatz zu ihm, Kaffee schon immer mit Milch, aber ohne Zucker trinke. Gut, zu meiner eigenen Schande muss ich hier gestehen, ich habe auch nicht wirklich nachgefragt. Jetzt weiß ich, wenn mein Bruder mir Empfehlungen gibt, muss ich Details erfragen. In manchen Dingen haben wir ja einen ähnlichen Geschmack. Bei Kaffee eben nicht. Allerdings musste ich darüber lachen. Und der Kaffee schmeckte trotzdem super, da es echter Bohnenkaffee war.

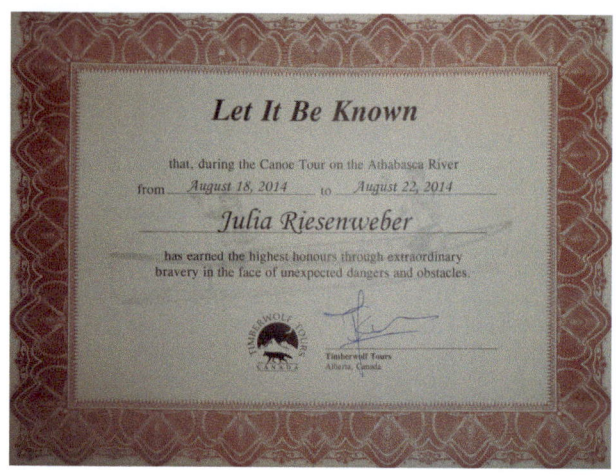

Let It Be Known

that, during the Canoe Tour on the Athabasca River

from _August 18, 2014_ to _August 22, 2014_

Julia Riesenweber

has earned the highest honours through extraordinary
bravery in the face of unexpected dangers and obstacles.

Timberwolf Tours
Alberta, Canada

Meine Survival - Urkunde

8. Wieder-
sehensfreuden

Der Bus brachte uns in unser Hotel in Edmonton. Von dort aus sollte ich am nächsten Morgen meine Reise fortsetzen in Richtung Vancouver Island. Als ich das Hotelzimmer betrat, sah ich als Erstes ins Badezimmer. Wie schön es war, eine richtige Dusche und eine Toilette dort vorzufinden! Etwas vermisst hatte ich das schon in den letzten Tagen.

Ich dachte zurück an unser letztes Frühstück in der Wildnis. Man konnte es fast ein Festessen nennen. Denn unsere Guides hatten noch einmal alles gegeben. Es gab sogar Pancakes mit Ahornsirup! Und das mitten in der Pampa! Ich liebe Pancakes! Martin war ein echter Kanadier durch und durch. Ich ertappte ihn dabei, wie er sich Ahornsirup, die Spezialität des Landes, über seine Würstchen goss. Er erklärte mir, dass Kanadier Ahornsirup wirklich zu jeder Speise essen. Jeder hat eben einen anderen Geschmack. Allerdings war ich erstaunt, als beim Frühstück darüber gesprochen wurde, auf was sich jeder Einzelne wieder freuen würde. Ein Gruppenmitglied antwortete doch tatsächlich, er freue sich schon wieder auf das Essen im Flugzeug! Ich starrte ihn an. Dann sah ich mich um und beäugte all die Köstlichkeiten, die gerade in Buffetform bereit standen, um als Frühstück verspeist zu werden. Pancakes, Würstchen, Müsli und vieles mehr. Ich bin auch schon häufig geflogen. Und ich muss sagen, dass das Flugzeugessen durchaus dafür sorgt, satt zu werden. Aber ob es auch schmeckt, das ist meist eine andere Sache... Ohne den Kommentar verurteilen zu wollen... Aber mit den vielen Gewürzen war das Essen auf der Kanutour super lecker. Und es gab tatsächlich jeden Tag etwas Neues.

Unsere Guides waren hervorragende Köche. Deshalb würde ich das Essen auf der Tour fast als Sterneküche bezeichnen. Dagegen kann Flugzeugessen nicht mithalten! Daher werde ich persönlich nie verstehen, wie man sich nach so abwechslungsreichen, leckeren Speisen auf das Essen im Flugzeug freuen kann. Mein nächstes Frühstück würde im Flugzeug stattfinden, da mein Flieger um 6:20 Uhr am Morgen abheben sollte. Die Freude über dieses Frühstück hielt sich nach dem letzten Essen in der Wildnis etwas in Grenzen. Zum Glück würde ich wohl im Hotel auf Vancouver Island wieder ein gutes Frühstück haben...

Ohne Kaffee kann man morgens mit mir nicht viel anfangen. Deshalb erkundigte ich mich bei der Hotelrezeption, ob ich irgendwo einen Kaffee bekommen könnte, da ich ja um 4:30 Uhr auf mein gebuchtes Shuttle zum Flughafen warten musste. Und da hat das Frühstücksangebot des Hotels bekanntlich noch nicht angefangen. Die Frau an der Rezeption sagte mir, es würde immer eine volle Kanne mit frisch gebrühtem Kaffee in der Lobby stehen und davon dürfte ich mich gern bedienen. Zum Glück war das auch so, wie ich am nächsten Morgen heraus fand.

Nachdem ich geduscht hatte, sollte ich mich in der Lobby mit meiner Kanutruppe noch einmal treffen, da wir für ein abschließendes Abendessen nach Edmonton hinein fahren wollten. Als ich in die Hotellobby kam, erwartete mich dort eine Überraschung. Jonas, der Guide von der Wandertour, war ebenfalls von seiner Tour am North Saskatchewan River zurück und im selben Hotel untergekommen. Er wollte uns zu unserem Abendessen begleiten. Ich unterhielt mich eine Weile mit ihm und erfuhr, dass er auf seiner Tour Sonne pur genossen und sogar einen Biber gesehen hatte. Außerdem berichtete er, dass der North Saskatchewan River sehr ruhig und mit wenigen Stromschnellen war und deshalb für Familientouren gern genutzt wird. Der Athabasca River ist eher ein wilder Fluss. Unwillkürlich fragte ich mich, warum ich nicht auch auf dem anderen Fluss die Tour machen konnte... Andererseits: Ich hatte 160 km paddelnd zurück gelegt und die Strudel und Stromschnellen bezwungen und dem Regen und anderen Widrigkeiten getrotzt und kann absolut stolz auf meine Leistung sein!

Wir fuhren alle gemeinsam in ein gutes, chinesisches Lokal im Zentrum von Edmonton. Dort gab es ein Buffet und

*das Essen schmeckte wahnsinnig lecker.
Ich war wieder in der Zivilisation. Aber
Eines weiß ich genau:*

*Ich werde diese Kanutour für immer in
meinem Herzen bewahren!*

ENDE

*Wie meine Kanada – Reise weiter geht,
kann in einem weiteren Buch
nachgelesen werden!*

Mein Hotelzimmer in Edmonton – ich bin
wieder in der Zivilisation!

Auf diesen Luxus kann man mal
verzichten! Aber ich hab die Dusche
schon vermisst!

Epilog

Noch einmal weise ich ausdrücklich darauf hin, dass ich zum Schutz der Persönlichkeiten meiner Mitreisenden und der Guides nur Vornamen verwendet und die Namen alle geändert habe! Auch bei den Bildern habe ich darauf geachtet, dass nur Landschaften, Gegenstände oder ich selbst zu sehen sind. Wenn ich Bilder verwendet habe, auf denen andere Personen zu sehen waren, habe ich die Bilder zurecht geschnitten, damit nur ich abgebildet bin.

Die Abenteuer, die ich hier erzähle, haben sich aber genau so zugetragen, wie ich es beschrieben habe.

Danksagung

Vielen Dank an **Schulz Aktiv Reisen**, die diese wunderbare Tour in ihrem Repertoire haben. Ich hoffe, dass diese Tour auch weiterhin gebucht werden kann, da es unglaubliche Erlebnisse sind.

Bei der kanadischen Partneragentur **Timberwolf Tours** muss ich mich auch bedanken. Die Guides, die für diese Organisation arbeiten, sind hervorragend, super nett und erfahren und haben die Tour für jeden Einzelnen der Gruppe zu einem persönlichen Highlight gemacht.

Danke an die wunderbaren und verständnisvollen **Guides**, die gut organisiert waren und stets jede Situation im Griff hatten. Vielen Dank für die Flexibilität und Hilfsbereitschaft und das unermüdliche Engagement und die guten Kochkünste!

Ebenso möchte ich mich hiermit bei meinen **Mitreisenden** bedanken. Sie waren alle sehr aufgeschlossen, immer freundlich, und sie haben diese Tour erst zu dem schönen Erlebnis gemacht, das sie am Ende war. Wie ich von anderen Leuten weiß, die schon Touren mit fremden Mitreisenden gemacht haben, kann man auch Pech haben und auf Menschen treffen, die nicht so rücksichtsvoll sind und ständig meckern. Schön, dass ich bisher mit meinen Reisegruppen immer Glück hatte und auf Menschen aus aller Welt getroffen bin, mit denen ich gut auskommen konnte.

Bilderverzeichnis

Informationen über die Autorin

Julia Riesenweber wuchs im schönen Karwendelgebirge auf und wohnt heute in München, wo sie als Erzieherin in einer Kinderkrippe tätig ist. Sie verreist sehr gern, um fremde Länder, Kulturen, Landschaften und Menschen kennen zu lernen. Dabei hält sie ihre Reisen gern in Bildern fest. Auch das Schreiben von Gedichten und Geschichten zählt zu ihren Hobbys.

<u>Weitere Bücher der Autorin</u>

Die kleine Flamme findet Freunde

Die kleine Flamme Funkel fühlt sich einsam. Sie ist ganz allein und wünscht sich nichts sehnlicher, als endlich Freunde zu finden. Das ist aber gar nicht so einfach. Denn Feuer ist gefährlich und daher haben viele Tiere Angst vor Funkel. Er macht sich auf den Weg in die weite Welt. Wird sein Wunsch, Freunde zu finden, am Ende seiner Reise wahr werden?

ISBN Buch: **9783752612608**   *(5,99 €)*

ISBN E-Book: **9783753411453**   *(3,99 €)*

Erschienen am **20. 01. 2021** *bei Books on Demand.*

Poesie der Worte

Gedichte für viele Anlässe

Gefühle sind vielfältig und lassen sich gut in Worte fassen. In diesem Buch hat die Autorin Gedichte zusammengestellt, die tiefe Gefühle ausdrücken, oder ihren Gedanken freien Lauf gelassen. Sie bedient sich dabei verschiedener Versmaße, spielt mit den Worten und lässt manchmal auch Bilder vor ihrem inneren Auge entstehen. Sie hat auch Gedichte zu verschiedenen Anlässen (wie Geburtstag oder Muttertag) in ihre Sammlung integriert. Freuen Sie sich auf eine Vielzahl verschiedenster Gedichte und lassen Sie die Worte in Ihrem Inneren nachklingen.

ISBN Buch: **9783752640083** *(5,99 €)*

ISBN E-Book: **9783753449081** *(3,99 €)*

Erschienen am **29. 01. 2021** *bei Books on Demand.*

That`s Camping

Wandern in den Rocky Mountains

Band 1 meiner Sommer - Rundreise durch Kanada

Unendliche Wälder, hohe Berge, Gletscher, unzählige Seen, Grizzlys, all das ist Kanada, und noch viel mehr. Die Autorin nimmt sie mit auf eine abenteuerliche Wandertour quer durch die Rocky Mountains und erzählt von steilen Wegen, traumhafter Landschaft, heißem Sommerwetter und sogar einem Thunderstorm. Lassen Sie sich verzaubern von der wunderbaren Kulisse des Banff und Jasper Nationalparks und den vielen Erlebnissen mitten in den Rockys.

ISBN Buch: **9783753495378**   (6,99 €)

ISBN E-Book: **9783753418520**   (3,99 €)

Erschienen am **26. 04. 2021** bei Books on Demand.